Manfred Mletzko
Expressis Verbis

uxori optimae

MANFRED
MLETZKO

EXPRESSIS VERBIS

DER LATEINISCHE ZITATENSCHATZ

Manfred Mletzko, Expressis verbis. Der lateinische Zitatenschatz
Copyright © 2012 Regionalia Verlag GmbH, Rheinbach
Alle Rechte vorbehalten

Einbandgestaltung: Derek Gotzen für agilmedien, Niederkassel
Layout und Satz: paquémedia, www.paque.de

Printed in Poland 2012

ISBN 978-3-939722-61-8

www.regionalia-verlag.de

Inhaltsverzeichnis

CAPE DIEM FESTINA LENT
ULUM. FORTES FORTUNA
IACTA EST. BEATI PAUP

Vorwort

ab alio amentatas hastas abicere

Sich mit fremden Federn schmücken, das erlaubt Ihnen dieser handliche Band:
Eine willkommene Hilfe, Ihren Wort- und Redeschatz im Alltag wie zu besonderen Gelegenheiten mit wohlverstandenen und wohlgesetzten lateinischen Zitaten zu erweitern.

Während wir uns mit fremden Federn schmücken, schleudert der Lateiner Speere, die ein anderer vorbereitet hat.
Ein Kapitel dieses Buchs ist allein Sprachbildern dieser Art gewidmet und bildet diese in einer kleinen Galerie ab. Ein weiteres Kapitel erklärt in Gestalt eines kleinen Lexikons lateinische Zitate und Redewendungen aus dem Alltag für den Alltag.

Die übrigen Abschnitte liefern gebräuchliche, aber auch weniger bekannte Zitate nach Themenkreisen geordnet. Ist kein Autor in Klammern genannt, ist dieser nicht oder nicht mehr bekannt, und es handelt sich gewissermaßen um Volksgut.
Ich habe versucht, für die Übertragung ein deutsches „geflügeltes Wort" zu finden.
Für den Fall, dass der deutsche Sprachgebrauch deutlich vom lateinischen abweicht, ist direkt unter dem Zitat eine wortgetreue Übersetzung angeführt.

Lebensdaten der zitierten Persönlichkeiten finden Sie im Anhang; ebenso die Quellen, sofern es sich nicht um mündliche Überlieferung handelt.

Ein alphabetisches Verzeichnis aller aufgeführten Zitate macht das Büchlein schließlich zu einem Nachschlagewerk, das gerade Lesern mit geringen Lateinkenntnissen Nutzen, aber auch Vergnügen bereiten will.

Aut prodesse aut delectare volunt poetae.

Ich wünsche Ihnen beim Lesen so viel Freude, wie mir das Schreiben gemacht hat.

Bad Essen im August 2012
Manfred Mletzko

Glück

Faber est quisque fortunae suae. (Sallust)

Audaces fortuna iuvat. (Vergil)

Den Kühnen hilft das Glück.

Fortes fortuna adiuvat. (Terenz)

Den Tapferen hilft das Glück.

Das Glück hilft keinem Hasenfuß.

Fortuna favet fatuis.

Das Glück begünstigt die Dummen.

Die dümmsten Bauern ernten die größten Kartoffeln.

fortunae filius (Horaz)

Kind des Glücks, Glückskind

Sapientia felicitas. (Losung der Universität Oxford)

    Weisheit ist Glück.

Et in Arcadia ego. (Nicolas Poussin)

    Auch ich war in Arkadien.

Beatus ille, qui procul negotiis. (Horaz)

    Glücklich, wer fern von Geschäften

Ante obitum nemo dici debet beatus. (Ovid)

    Man soll keinen vor seinem Tod glücklich preisen.

Nemo ante mortem beatus. (Ovid)

    Vor dem Tod darf niemand glücklich genannt werden.

Non omne, quod nitet, aurum est.

    Es ist nicht alles Gold, was glänzt.

Non aurum est, quodcumque nitet, non gemma, quod ardet.

    Es ist nicht alles Gold, was glänzt, nicht Edelstein, was funkelt

Rosa de spinis floret. *(Hieronymus)*

> Die Rose blüht vom Dornenstrauch.

> Keine Rose ohne Dornen.

Malum nullum sine aliquo bono. *(Plinius der Ältere)*

> Kein Übel ohne irgendein Gutes.

> Kein Übel ohne Trost.

Post nubila Phoebus.

> Nach den Wolken kommt die Sonne.

> Auf Regen folgt Sonnenschein.

Fortuna vitrea est: tum, cum splendet, frangitur. *(Publilius Syrus)*

> Glück ist wie aus Glas: wenn es glänzt, zerbricht es.

> Glück und Glas, wie leicht bricht das.

Amicum an nomen habeas, aperit calamitas. *(Publilius Syrus)*

> Ob du (wirklich) einen Freund hast, bringt das Unglück an den Tag.

> Im Unglück zeigt sich der Freund.

Adversae res admonent religionum. *(Livius)*

> Unglück erinnert an die Religionen.

> Not lehrt beten.

Fortunam sibi quisque parat.

Sein Glück schafft sich jeder selbst.

Dum ferrum candet, tundendum est.

Man muss das Eisen schmieden, solange es glüht.

Schmiede das Eisen, solange es heiß ist!

Faber est quisque fortunae suae. (Sallust)

Jeder ist seines Glückes Schmied.

Gesundheit

Medicus curat, natura sanat.

Aegroto dum anima est, spes est. (Cicero)

Solange der Kranke atmet, ist Hoffnung.

Dum spiro, spero.

Solange ich atme, hoffe ich.

Man hofft, solange man lebt.

Dies adimit aegritudinem hominibus. (Terenz)

Die Zeit befreit die Menschen von ihrem Leid.

Die Zeit heilt alles Leid.

Non intellecti nulla est curatio morbi. (Maximian)

Es gibt keine Heilung einer nicht erkannten Krankheit.

Verborgene Krankheit kann niemand heilen.

Non curatur, qui curat.

> Wer Sorgen hat, wird nicht geheilt.

Male habet medicus, nemo si male habuerit. (Publilius Syrus)

> Schlecht geht es dem Arzt, wenn es niemand schlecht geht.

similia similibus curare

> Gleiches mit Gleichem heilen

Contra vim mortis non est medicamen in hortis.

> Gegen die Macht des Todes gibt es kein Heilmittel in den Gärten.
>
> Gegen den Tod ist kein Kraut gewachsen.

Medicus curat, natura sanat.

> Der Arzt kuriert, die Natur heilt.

Freundschaft und Liebe

Amor vincit omnia. (Vergil)

Verae amicitiae sempiternae sunt. (Cicero)

Wahre Freundschaften sind ewig.

Wahre Freundschaft währt ewig.

Amici mores noveris, non oderis. (Pubilius Syrus)

Des Freundes Fehler magst du kennen, aber nicht hassen.

Des Freundes Fehler soll man kennen, aber nicht nennen.

Amicus certus in re incerta cernitur. (Ennius)

Den sicheren Freund erkennt man in einer unsicheren Lage.

Freunde in der Not gehen zehn auf ein Lot.

Is est amicus, qui in re dubia re iuvat, ubi re est opus. (Plautus)

Der ist ein Freund, der in misslicher Lage mit einer Tat hilft,
wo eine Tat nötig ist.

Im Unglück zeigt sich der Freund.

Obsequium amicos, veritas odium parit. *(Terenz)*

    Nachgiebigkeit schafft Freunde, Wahrheit gebiert Hass.

Res amicos invenit. *(Plautus)*

    Geld schafft Freunde.

    Wer Geld hat, hat auch Freunde.

potius amicum quam dictum perdere *(Quintilian)*

    Lieber einen Freund als einen Witz verlieren

Potius amicum quam dictum perdere. *(Quintilian)*

    Lieber einen Freund als einen Witz verlieren.

Amicus est tamquam alter ego. *(Cicero)*

    Ein Freund ist so etwas wie ein zweites Ich.

Qui amant, ipsi sibi somnia fingunt. *(Vergil)*

    Wer liebt, macht sich die Träume selber.

    Liebe lebt vom Traum.

Verus amor nullum novit habere modum. *(Properz)*

    Wahre Liebe kann kein Maß halten.

    Wahre Liebe kennt kein Maß.

Amare et sapere vix deo conceditur. (Publilius Syrus)

> Lieben und vernünftig sein ist kaum einem Gott gegeben.

> Liebe und Verstand gehen selten Hand in Hand.

Nemo in amore videt. (Properz)

> In der Liebe sieht niemand mehr.

> Liebe macht blind.

amantes, amentes (Terenz)

> Verliebte, Verrückte

amens amansque (Plautus)

> verrückt und verliebt

Qui non zelat, non amat. (Augustinus)

> Wer nicht eifersüchtig ist, liebt (auch) nicht.

> Wo keine Eifersucht, da ist auch keine Liebe.

Litore quot conchae tot sunt in amore dolores. (Ovid)

> Soviel Muscheln der Strand, soviel Schmerzen die Liebe.

Arare malim quam sic amare. (Plautus)

> Lieber pflügen als so lieben.

Amantium irae amoris integratio est. (Terenz)

> Der Streit der Liebenden ist die Erneuerung der Liebe.

> Der Liebenden Streit die Liebe erneut.

Amantis ius iurandum poenam non habet. (Publilius Syrus)

> Der Schwur eines Liebenden hat keine Strafe.

> Auf die Schwüre der Verliebten ist nicht viel zu bauen.

Procul ex oculis, procul ex mente.

> Aus den Augen, aus dem Sinn

vgl. *Quantum oculis animus tam procul ibit amor.* (Properz)

> So fern das Herz den Augen, so weit weg geht die Liebe.

Asinus asino et sus sui pulcher.

> Der Esel (erscheint) dem Esel und das Schwein dem Schwein schön.

Pares cum paribus facillime congregantur. (Cicero)

> Gleiche scharen sich mit Gleichen sehr leicht zusammen.

> Gleich und gleich gesellt sich gern

Simile gaudet simili.

> Ähnliches freut sich über Ähnliches.

Invenit patella operculum. (Hieronymus)

> Die Schüssel hat Ihren Deckel gefunden.
>
> Jeder Topf findet seinen Deckel.

Ama et fac quod vis! (Augustinus)

> Liebe und tu, was du willst!

Si vis amari, ama! (Seneca)

> Wenn du geliebt werden willst, liebe!
>
> Lieb mich, so lieb ich dich wieder!

Quem di diligunt, adulescens moritur. (Plautus nach Menander)

> Wen die Götter lieben, der stirbt jung.

Amor vincit omnia. (Vergil)

> Liebe überwindet alles.

Essen und Trinken

ab ovo ad mala (Horaz)

Abducet praedam, qui occurit prior. (Plautus)

    Wer eher da ist, raubt die Beute.

    Wer zuerst kommt, mahlt zuerst.

vgl. *sero venientibus ossa*

    Für die, die zu spät kommen, (bleiben nur noch) die Knochen.

Ad praesens ova cras pullis sunt meliora. (Rabelais)

    Die Eier heute sind besser als die Hühnchen morgen.

    Der Spatz in der Hand ist besser als die Taube auf dem Dach.

Cibi condimentum fames est. (Cicero)

    Hunger ist die Würze der Speise.

    Hunger ist der beste Koch.

salivam movere (Seneca)

> den Speichel in Bewegung bringen

> den Mund wässrig machen

Oculi avidiores sunt quam venter.

> Die Augen sind gieriger als der Magen.

> Die Augen sind größer als der Magen.

Tute hoc intristi; tibi omne est exedendum. (Terenz)

> Du hast dir das eingebrockt; du musst es ganz ausessen.

> Selbst eingebrockt, selbst ausgegessen.

> Wie man's einbrockt, muss man's essen.

Cum libentissime edis, tum auferatur cena! (Gellius)

> Wenn du mit höchstem Genuss isst, soll die Speise abgetragen werden

> Wenn's am besten schmeckt, soll man aufhören.

Satietas parit ferociam. (Theognis)

> Übersättigung bewirkt Zügellosigkeit.

> Allzeit voll macht endlich toll.

Post cenam stabis vel passus mille meabis.

> Nach dem Essen soll man ruhn oder tausend Schritte tun.

Plenus venter facile de ieiuniis disputat. (Hieronymus)

> Voller Bauch disputiert bequem übers Fasten.
>
> Voller Bauch lobt das Fasten.

Plenus venter non studet libenter.

> Ein voller Bauch studiert nicht gern.

Nunc est bibendum! (Horaz)

> Nun lasst uns trinken!

Vino diffugiunt mordaces curae. (Horaz)

> Beim Wein entschwinden die brennenden Sorgen.

Nunc vino pellite curas! (Horaz)

> Vertreibt jetzt die Sorgen mit Wein!
>
> Der Wein vertreibt die Sorgen.
>
> Schütt die Sorgen in ein Gläschen Wein!

Sapientia vino obumbratur. (Plinius der Ältere)

> Die Weisheit wird vom Wein verdunkelt.
>
> Viel Wein macht dumme Leute.

In vino feritas.

>Im Wein ist Wildheit.

plusculum se invitasse (Plautus)

>sich ein bisschen zu viel eingeladen haben

>einen sitzen haben

Sine cerere et libero friget Venus. (Terenz)

>Ohne Brot und Wein friert Venus.

>Ohne Wein und Brot leidet Venus Not.

>Ohne Wein und Brot ist die Liebe tot.

ab ovo ad mala (Horaz)

>vom Ei bis zu den Äpfeln

>von A bis Z

Arbeit und Muße

Iucundi acti labores. (Cicero)

Omne initium difficile.

> Aller Anfang ist schwer.

Principium dimidium totius. (nach Hesiod)

> Der Anfang ist die Hälfte des Ganzen.

Dimidium facti, qui coepit, habet. (Horaz)

> Wer angefangen hat, hat (schon) die Hälfte der Tat.
>
> Frisch angefangen ist halb getan.
>
> Frisch gewagt ist halb gewonnen.
>
> Guter Anfang ist halbe Arbeit.

Principiis consentit exitus. (Cicero)

> Zu den Anfängen passt das Ende.
>
> Wie der Anfang, so das Ende.

Homines nihil agendo discunt male agere. (Cato der Ältere)

> Durch Nichtstun lernen die Menschen Böses tun.

> Müßiggang ist aller Laster Anfang.

Saxum volutum non obducitur musco.

> Ein Stein, der gewälzt wird, wird nicht von Moos überzogen.

> Auf dem rollenden Stein wächst kein Moos.

Qui fugit molam, farinam non invenit.

> Wer die Mühle meidet, findet kein Mehl.

Qui vitat molam, vitat farinam.

> Wer die Mühle meidet, kommt um das Mehl.

> Ohne Mühle gibt's kein Mehl.

Non volat in buccas assa columba tuas.

> Die gebratene Taube fliegt nicht in deine Backen.

> Gebratene Tauben fliegen einem nirgends ins Maul.

porci cocti (Petronius)

> gebratene Schweine

> gebratene Tauben

Multorum opera res turbantur.

Wenn viele sich mühen, geraten die Dinge durcheinander.

Viele Köche verderben den Brei.

Ne sutor supra crepidam! *(Plinius der Ältere)*

Der Schuster (soll) nicht über den Halbschuh hinaus(blicken).

vgl. *Quam quisque norit artem, in hac se exerceat.* *(Cicero nach Aristophanes)*

Jeder übe sich in der Kunst, die er erlernt hat.

Schuster, bleib bei deinem Leisten!

Frustra laborat, qui cunctis placere studet.

Wer allen gefallen will, müht sich vergeblich.

Allen Leuten recht getan ist eine Kunst, die niemand kann.

nec mora nec requies *(Vergil)*

weder Rast noch Ruh(e)

illud iucundum nil agere *(Plinius der Jüngere)*

jenes angenehme Nichtstun

das süße Nichtstun

Quod differtur, non aufertur.

> Was aufgeschoben wird, wird nicht aufgehoben.
>
> Aufgeschoben ist nicht aufgehoben.

Sat celeriter fit, quidquid fit satis bene. *(Augustus)*

> Schnell genug geschieht, was gut genug geschieht.
>
> Schnell genug ist gut genug.

Gutta cavat lapidem (non vi, sed saepe cadendo.) *(Ovid)*

> Der Tropfen höhlt den Stein (nicht durch Gewalt,
> sondern durch häufiges Fallen.)
>
> Steter Tropfen höhlt den Stein.

Nondum clivum exsuperavimus. *(Seneca)*

> Wir haben die Steigung noch nicht überwunden.
>
> Wir sind noch nicht über den Berg.

otium cum dignitate *(Cicero)*

> Muße mit Würde

carpe diem *(Horaz)*

> Ernte den Tag!

Ora et labora! (Benedikt von Nursia)

> Bete und arbeite!

Finis coronat opus.

> Das Ende krönt das Werk.

Exitus acta probat. (Ovid)

> Der Ausgang beurteilt die Werke.
> Ende gut, alles gut.

Suavis est laborum praeteritorum memoria. (Cicero)

> Süß ist die Erinnerung an vergangene Mühen.
> An überstandene Mühen erinnert man sich gern.

Iucundi acti labores. (Cicero)

> Getane Arbeiten sind angenehm.
> Nach getaner Arbeit ist gut ruhen.

Lernen und Lehren

Non omnia possumus omnes. *(Macrobius)*

Nam quod in iuventute non discitur,
in matura aetate nescitur. *(Cassiodor)*

> Denn was man in der Jugend nicht lernt,
> weiß man im reifen Alter nicht.

> Was Hänschen nicht lernt, lernt Hans nimmermehr.

Non scholae, sed vitae discimus.

> Nicht für die Schule, sondern für das Leben lernen wir.

Non vitae, sed scholae discimus. *(Seneca)*

> Nicht für das Leben, sondern für die Schule lernen wir.

Legere enim et non intellegere neglegere est. *(Cato)*

> Lesen und nicht verstehen ist halbes Müßiggehen.

Multum, non multa (legendum est.) (Plinius der Jüngere)

Viel, nicht vielerlei (soll man lesen.)

Usus magister est optimus. (Cicero)

Gebrauch ist der beste Lehrmeister.

Fabricando fabri fimus.

Durch Schmieden wird man Schmied.

Probieren geht über Studieren.

Quae nocent, docent.

Was schadet, ist lehrreich.

Malo accepto stultus sapit.

Durch erlittenen Schaden wird der Dumme klug.

Durch Schaden wird man klug.

Est omnium rerum magister usus. (Caesar)

Übung ist die Lehrmeisterin aller Dinge.

Exercitatio artem parat. (Tacitus)

Übung verschafft Geschicklichkeit.

Exercitatio optimus magister.

> Übung ist der beste Lehrmeister.

> Übung macht den Meister.

Repetitio est mater studiorum.

> Wiederholung ist die Mutter der Studien.

Semper aliquid haeret. *(Plutarch)*

> Etwas bleibt immer hängen.

Consuetudo quasi altera natura. *(Cicero)*

> Die Gewohnheit wird zur zweiten Natur.

Longum iter est per praecepta,
breve et efficax per exempla. *(Seneca)*

> Lang ist der Weg über Vorschriften, kurz und erfolgreich über Beispiele.

> Lehre ist ein langer Weg, Beispiel ein kurzer.

Verba docent, exempla trahunt.

> Worte belehren, Beispiele reißen mit.

> Beispiele tun oft mehr als viel Wort' und Lehr'.

Docendo discimus. *(Seneca)*

> Durch Lehren lernen wir.

Homines dum docent, discunt. *(Seneca)*

> Indem die Menschen lehren, lernen sie.
>
> Wer lehrt, der lernt.
>
> Wer andere lehrt, lernt selbst dabei.

Bene docet, qui bene distinguit.

> Gut lehrt, wer gut unterscheidet.

Ignoti nulla cupido. *(Ovid)*

> Nach Unbekanntem hat man kein Verlangen.
>
> Was ich nicht weiß, macht mich nicht heiß.

Nam et ipsa scientia potestas est. *(Francis Bacon)*

> Denn auch Wissen allein ist Macht.

Scientia et potentia in idem coincidunt.

> Wissen und Macht fallen zusammen.
>
> Wissen ist Macht.

Scientia prodest. *(Cicero)*

> Wissen nützt.

Seris venit usus ab annis. *(Ovid)*

> Mit den späten Jahren kommt die Erfahrung.
>
> Alter bringt Erfahrung.

Nec puero gladium! *(Augustinus)*

> (Gib) einem Knaben kein Schwert!
>
> Blanke Schwerter sind kein Kinderscherz.

Non omnia possumus omnes. *(Macrobius)*

> Alles können wir alle nicht.
>
> Alle können nicht alles.

Reden und Schreiben

Aut prodesse aut delectare volunt poetae. (Horaz)

Liberae sunt cogitationes. (Cicero)

> Die Gedanken sind frei.

Secundae cogitationes meliores. (Cicero)

> Die zweiten Gedanken die besseren.

> Die ersten Gedanken sind nicht immer die besten.

Verbum sat sapienti. (Terenz)

> Dem Klugen genügt ein Wort.

> Dem klugen Kopfe genügt ein Wort.

Qualis autem homo ipse esset, talem esse eius orationem. (Cicero)

> Wie aber der Mensch selbst ist, so ist seine Rede.

Qualis vir, talis oratio. *(Seneca)*

> Wie der Mann, so seine Rede.

> An der Rede erkennt man den Mann.

> Wie der Mann ist, so redet er.

Pectus est, quod disertos facit. *(Quintilian)*

> Wie das Herz, so sind die Reden.

Veritatis simplex oratio. *(Seneca)*

> Einfach ist die Rede der Wahrheit.

Infantes perhibent et stultos dicere verum.

> Kinder und Narren, heißt es, sagen die Wahrheit.

> Kinder und Narren sagen die Wahrheit.

De mortuis nil nisi bene! *(nach Chilon)*

> Von Toten soll man nur Gutes reden.

ambages narrare *(Terenz)*

> in Rätseln sprechen

in omnium ore (Macrobius)

    in aller Munde

Vox faucibus haeret. (Vergil)

    Das Wort bleibt in der Kehle stecken.

Quis leget haec? (Persius)

    Wer soll das lesen?

Charta non erubescit. (Cicero)

    Papier errötet nicht.

    Papier ist geduldig.

Stultorum calami carbones, moenia charta.

    Der Toren Schreibzeug sind die Kohlen, das Schreibpapier die Wände.

    Narrenhände beschmieren Tisch und Wände.

Difficile est saturam non scribere. (Juvenal)

    Es ist schwer, darüber keine Satire zu schreiben.

Nullus est liber tam malus,
ut non aliqua parte prosit. *(Plinius der Ältere)*

> Kein Buch ist so schlecht, dass es nicht irgendwie nützen kann.

Non omnis moriar. *(Horaz)*

> Ich werde nicht ganz sterben.

Aut prodesse aut delectare volunt poetae. *(Horaz)*

> Entweder Nutzen bringen oder Vergnügen bereiten wollen die Dichter.

Recht und Gesetz

Summum ius summa iniuria. *(Cicero)*

Vigilat iustitiae oculus sempiternus. *(Ammianus Marcellinus)*

Das ewige Auge der Gerechtigkeit wacht.

Das Auge des Gesetzes wacht.

Legem enim brevem esse opportet. *(Seneca)*

Knapp soll das Gesetz sein.

Lex non promulgata non obligat.

Ein Gesetz ohne Bekanntmachung bindet nicht.

Lex dubia non obligat.

Ein zweifelhaftes Gesetz bindet nicht.

Nulla poena sine lege. *(Anselm von Feuerbach)*

Keine Strafe ohne Gesetz

vgl. *Sine lege nulla poena.*

> Ohne Gesetz keine Strafe.

Qui suo iure utitur, nemini facit iniuriam.

> Wer sein Recht gebraucht, tut niemand Unrecht.

> Wer sein Recht gebraucht, beleidigt niemand.

Pacta sunt servanda.

> Verträge müssen eingehalten werden.

Ubi nihil est, Caesar iure suo excidit.

> Wo nichts ist, hat der Kaiser sein Recht verloren.

Volenti non fit iniuria. *(Papst Bonifatius VIII.)*

> Wer's so haben will, dem geschieht kein Unrecht.

Beneficia non obtruduntur.

> Wohltaten werden nicht aufgedrängt.

Cessante causa cessat effectus.

> Fällt die Ursache weg, entfällt auch die Wirkung.

Abusus non tollit usum.

> Missbrauch hebt den Brauch nicht auf.

Audiatur et altera pars.

> Man höre auch den andern Teil.

Receptores non minus delinquunt quam aggressores. (Ulpianus)

> Die Empfänger (von Gestohlenem) machen sich
> nicht weniger strafbar als die Räuber.
>
> Der Hehler ist so schlimm als der Stehler.

Cum enim finis est licitus,
etiam media sunt licita. (Hermann Busenbaum)

> Wo es ein erlaubtes Ziel gibt, gibt es auch erlaubte Mittel.

Duo cum faciunt idem, non est idem. (Terenz)

> Wenn zwei dasselbe tun, so ist es nicht dasselbe.

ne bis in idem

> nicht zweimal gegen dasselbe Vergehen

Accessorium sequitur principale.

> Die Nebensache folgt der Hauptsache.

Res loquitur ipsa. *(Cicero)*

> Die Sache spricht für sich.

Facta loquuntur.

> Tatsachen sprechen.

> Tatsachen sprechen lassen

Qui tacet, consentire videtur. *(Papst Bonifatius VIII.)*

> Wer schweigt, stimmt allem Anschein nach zu.

> Wer schweigt, stimmt zu.

Qui nimium probat, nihil probat.

> Wer zuviel beweist, beweist gar nichts.

Prior tempore potior iure.

> Wer eher da ist, bekommt eher Recht.

Potior est, qui prior est. *(Terenz)*

> Wer eher da ist, ist im Vorteil.

ius primae noctis

> das Recht der ersten Nacht

alieni iuris

> fremden Rechts

Summum ius, summa crux. (*Columella*)

> Das höchste Recht ist das höchste Kreuz.

Ius summum saepe summa est malitia. (*Terenz*)

> Das höchste Recht ist oft die höchste Bosheit.

Summum ius summa iniuria. (*Cicero*)

> Das höchste Recht (ist) das höchste Unrecht.
>
> Zuviel Recht ist Unrecht.

Tugend

virtus post nummos (Horaz)

Sustine et abstine! (nach Epiktet)

> Halte aus und halte dich fern!
>
> Leide und meide!

Vivit post funera virtus.

> Tugend lebt über das Sterben hinaus.
>
> Alles vergeht, Tugend besteht.

Omnia munda mundis. (Paulus)

> Den Reinen ist alles rein.

Naturalia non sunt turpia.

> Natürliches ist nicht schändlich.

Nobilitas sola est atque unica virtus. *(Iuvenal)*

> Adel gibt einzig und allein die Tugend.

> Tugend ist der beste Adel.

Honor est praemium virtutis. *(Cicero)*

> Ehre ist der Tugend Lohn.

Honos alit artes. *(Cicero)*

> Ehre nährt die Künste.

Cui honorem, honorem. *(Paulus)*
Honos reddatur dignis!

> Ehre sei denen erwiesen, die ihrer würdig sind!

> Ehre, wem Ehre gebührt!

Non nobis solum nati sumus. *(Cicero)*

> Wir sind nicht für uns allein geboren.

> Niemand lebt für sich allein.

Tene mensuram et respice finem. *(Maximilian I.)*

> Halte Maß und denk an das Ende!

Si libet, licet. (Aelius Spartianus)

> Wenn es gefällt, ist es erlaubt.

> Erlaubt ist, was gefällt.

Domitrix rerum patientia.

> Geduld ist die Bändigerin der Dinge.

> Geduld bringt Rosen.

Bonum commune est melius quam bonum unius. (Thomas von Aquin)

> Gemeinwohl ist besser als das Wohl des Einzelnen.

> Gemeinnutz geht vor Eigennutz.

Conscia mens recti famae mendacia ridet. (Ovid)

> Ein Sinn, der um das Rechte weiß, lacht über übles Gerede der Leute.

> Ein gutes Gewissen ist ein sanftes Ruhekissen.

Ipsa quidem virtus sibimet pulcherrima merces. (Silius Italicus)

> Die Tugend ist sich selbst der schönste Lohn.

> Die Tugend trägt ihren Lohn in sich selbst.

Medio tutissimus ibis. (Ovid)

> In der Mitte wirst du am sichersten gehen.

> Der Mittelweg ist der beste.

Magnum vectigal est parsimonia. *(Cicero)*

> Sparsamkeit ist eine wichtige Einnahmequelle
>
> Sparsam sein ist eine gute Rente.

Male parta male dilabuntur. *(Cicero)*

> Auf üble Art Erworbenes zerrinnt auf üble Weise.
>
> Unrecht Gut gedeiht nicht.

(Ut desint vires,) tamen est laudanda voluntas. *(Ovid)*

> (Wenn die Kräfte fehlen,) ist doch der gute Wille zu loben.
>
> Guter Wille ist genug.

Onus est honos. *(Varro)*

> Eine Bürde ist die Würde.
>
> Würde bringt Bürde.

Occasio facit furem.

> Gelegenheit macht den Dieb.
>
> Gelegenheit macht Diebe.

Bis dat, qui cito dat. *(Publilius Syrus)*

> Doppelt gibt, wer schnell gibt.
>
> Wer bald hilft, der hilft doppelt.

Beatius est magis dare quam accipere. (Apostelgeschichte 20,35)

> Geben ist seliger als nehmen.

Quae fuerant vitia, mores sunt. (Seneca)

> Was früher Fehler waren, sind jetzt die Sitten.

virtus post nummos (Horaz)

> Tugend (kommt) nach dem Geld.
>
> Die Taler gehn der Tugend vor.
>
> Erst Brot, dann Tugend.
>
> Erst kommt das Fressen,
> dann kommt die Moral! (Brecht, Dreigroschenoper)

Laster

Nam vitiis nemo sine nascitur. (Horaz)

Homines nihil agendo discunt male agere. (Cato der Ältere)

Durch Nichtstun lernen die Menschen Böses tun.

Müßiggang ist aller Laster Anfang.

Vicina sunt vitia virtutibus. (Hieronymus)

Benachbart sind die Laster den Tugenden.

Tugend und Laster sind Nachbarn.

Vitia nobis sub virtutum nomine obrepunt. (Seneca)

Die Laster schleichen sich bei uns
unter dem Namen von Tugenden ein.

Die Laster stehlen der Tugend die Kleider.

Mendaci homini ne verum quidem
dicenti credere solemus. (Cicero)

> Einem Lügner pflegen wir nicht einmal dann zu glauben, wenn er die
> Wahrheit sagt.

Ubi semel quis peieraverit, ei credere postea non oportet. (Cicero)

> Wenn jemand einmal gelogen hat, darf man ihm später
> nicht mehr glauben.

Quicumque turpi fraude semel innotuit,
etiam si verum dicit, amittit fidem. (Phaedrus)

> Wer einmal durch schändlichen Betrug aufgefallen ist,
> dem glaubt man auch nicht, wenn er die Wahrheit spricht.

> Wer einmal lügt, dem glaubt man nicht,
> und wenn er auch die Wahrheit spricht.

Mendacem memorem esse oportet. (Quintilian)

> Der Lügner muss ein gutes Gedächtnis haben.

Nec fidum femina nomen. (Tibull)

> Falschheit, dein Name ist Weib.

rumpi invidia (Martial)

> vor Neid zerplatzen

Invidia gloriae comes. (Cornelius Nepos)

    Neid ist der Gefährte der Ehre.

    Ehre hat Neid zum Gefährten.

Qui fodit foveam, incidit in eam. (Sprüche Salomos 26, 27)

    Wer andern eine Grube gräbt, fällt selbst hinein.

Vindicta bonum, vita iucundius ipsa. (Iuvenal)

    Rache ist gut, ja süßer als das Leben selbst.

    Rache ist süß.

Semper inops, quicumque cupit. (Claudianus)

    Immer ist arm, wer mehr haben will.

    Wer nie genug hat, ist immer arm.

Semper avarus eget. (Horaz)

    Der Geizige leidet immer Not.

    Geiz ist die größte Armut.

Aliena vitia in oculis habemus,
a tergo nostra sunt. (Seneca nach Äsop)

    Die fremden Fehler haben wir vor Augen, die eigenen im Rücken.

Proprium est stultitiae aliorum vitia cernere,
oblivisci suorum. (Cicero)

> Es gehört zur Dummheit, auf die Fehler anderer zu achten
> und die eigenen zu übersehen.

Videre nostra mala non possumus.
Alii simul delinquunt, censores sumus. (Phaedrus)

> Unsere eigenen Fehler können wir nicht sehen.
> Sobald aber die anderen Fehler machen, sind wir strenge Richter.

> den Splitter im fremden Auge, aber den Balken
> im eigenen nicht sehen (nach Matthäus 7, 3)

Concordia parvae res crescunt,
discordia maximae dilabuntur. (Sallust)

> Durch Eintracht wachsen (auch) kleine Dinge,
> durch Zwietracht zerfallen (sogar) die größten.

> Eintracht baut das Haus, Zwietracht reißt es nieder.

Mendacia non diu fallunt.

> Lügen täuschen nicht lange.

> Lügen haben kurze Beine.

Bonos corrumpunt mores congressus mali. (Tertullian)

> Schlechte Kreise verderben gute Sitten.

> Schlechte Beispiele verderben gute Sitten.

Homines quo plura habent, eo cupiunt ampliora. (Iustinus)

> Je mehr die Menschen haben, desto mehr wollen sie.

> Je mehr man hat, je mehr man will.

Turpis avis, proprium qui foedat stercore nidum.

> (Das ist) ein hässlicher Vogel, der mit seinem Kot
> das eigene Nest beschmutzt.

> Das ist ein sauberer Vogel, der das eigene Nest beschmutzt.

Deforme est, de se ipsum praedicare. (Cicero)

> Es ist unfein, sich selbst zu preisen.

Laus in proprio ore sordescit.

> Lob wird im eigenen Mund schmutzig.

Propria laus sordet.

> Eigenlob stinkt.

Nam vitiis nemo sine nascitur. (Horaz)

> Denn ohne Fehler wird kein Mensch geboren.

> Jeder Mensch hat seine Fehler.

Krieg und Frieden

Nulla salus bello. (Vergil)

Bellum pater omnium. (nach Heraklit)

> Der Krieg ist der Vater aller Dinge.

Si vis pacem, para bellum! (Vegetius)

> Willst du Frieden, rüste zum Krieg!

vgl. *Si vis pacem, para iustitiam!*

> Willst du Frieden, pflege Gerechtigkeit!

bellum omnium in omnes (Thomas Hobbes)

> Krieg aller gegen alle

casus belli

> der Kriegsgrund

Via hostibus, qui fugiant, munienda. (Scipio)

Feinden, die fliehen, soll man den Weg bahnen.

Einem fliehenden Feind soll man goldene Brücken bauen

Duobus litigantibus tertius gaudet.

Wenn zwei sich streiten, freut sich der Dritte.

Philippis iterum me videbis. (Appianus)

Bei Philippi wirst du mich wieder sehen.

Bei Philippi sehen wir uns wieder.

Vae victis! (Brennus)

Wehe den Besiegten!

Militem aut monachum facit desperatio.

Den Mönch oder Soldaten macht die Verzweiflung.

Mönch oder Soldat wird man aus Verzweiflung.

Nulla salus bello. (Vergil)

(Es liegt) kein Heil im Krieg.

Heil liegt nicht im Krieg.

Zeit und Lebenszeit

tempus edax rerum (Ovid)

Dies adimit aegritudinem hominibus. (Terenz)
> Die Zeit befreit die Menschen von ihrem Leid.
> Die Zeit heilt alles Leid.

Dies dolorem minuit.
> Der Tag macht den Schmerz kleiner.
> Zeit heilt Wunden.

Quod ratio nequit, saepe sanavit mora. (Seneca)
> Was der Verstand nicht heilen kann, heilt oft die Zeit.
> Was der Verstand nicht heilt, das heilt die Zeit.

Tempora mutantur et nos mutamur in illis. (Lothar I.)
> Die Zeiten ändern sich, und wir ändern uns in ihnen.
> Wie die Zeit, so ändern sich die Leut.

O tempora, o mores! *(Cicero)*

    · O Zeiten, o Sitten!

Unus dies par omni est. *(Seneca)*

    Ein Tag ist jedem (anderen) gleich.

    Ein Tag ist wie der andere.

Nondum omnium dierum sol occidit. *(Livius)*

    Noch ist die Sonne aller Tage nicht untergegangen.

    Es ist noch nicht aller Tage Abend.

Quid vesper ferat, incertum est. *(Livius)*

    Was der Abend bringt, ist ungewiss.

    Man soll den Tag nicht vor dem Abend loben.

ad Kalendas Graecas *(Augustus)*

    an den griechischen Kalenden

    am Sankt Nimmerleinstag

Dies diem docet. *(Publilius Syrus)*

    Das Heute ist des Gestern Schüler.

Discipulus est prioris posterior dies. (Publilius Syrus)

> Der folgende Tag ist der Schüler des vorigen.

> Ein Tag lehrt den anderen.

Ars longa, vita brevis. (Seneca)

> Das Leben ist kurz, die Kunst ist lang.

Mors certa, hora incerta.

> Der Tod ist gewiss, doch ungewiss die Stunde.

Gaudeamus igitur, iuvenes dum sumus! (Chr. W. Kindleben)

> Lasst uns also fröhlich sein, solange wir noch jung sind!

Ver non semper viret.

> Der Frühling grünt nicht immer.

> Nur einmal grünt im Jahr der Mai.

Non semper erunt Saturnalia. (Seneca)

> Nicht immer werden Saturnalien sein.

> Alle Tage ist kein Sonntag.

tempus edax rerum (Ovid)

> die Zeit, die an den Dingen nagt

> der Zahn der Zeit

Ewige Weisheiten

Pecuniae omnia oboediunt. (Seneca)

Nosce te ipsum! (nach Chilon)
> Erkenne dich selbst!

Omnium rerum homo mensura est. (nach Protagoras)
> Der Mensch ist das Maß aller Dinge.

Mens agitat molem. (Vergil)
> Geist bewegt die Materie.

Natura non facit saltum. (C. v. Linné)
> Die Natur macht keinen Sprung.

Omne vivum ex ovo. (William Harvey)
> Alles Leben kommt vom Ei.

Cogito, ergo sum. (René Descartes)

    Ich denke, also bin ich.

Scientia inflat. (Franz von Assisi)

    Wissen bläht auf.

Nulla regula sine exceptione.

    Keine Regel ohne Ausnahme

Rosa de spinis floret. (Hieronymus)

    Die Rose blüht vom Dornenstrauch.

    Keine Rose ohne Dornen.

Proximus est sibi quisque. (nach Terenz)

    Jeder ist sich selbst der Nächste.

Non nobis solum nati sumus. (Cicero)

    Wir sind nicht für uns allein geboren.

    Niemand lebt für sich allein.

Tua res agitur, (paries cum proximus ardet.) (Horaz)

    Um deine Sache geht es (wenn die Wand zum Nachbarn brennt).

Flamma fumo est proxima. *(Plautus)*

    Die Flamme ist dem Rauch ganz nahe.

Fumus ignem. *(Cicero)*

    Rauch (zeigt) Feuer (an).

    Wo Rauch ist, da ist auch Feuer.

Suum cuique! *(Cato d. Ä. nach Gellius)*

    Jedem das Seine!

Mater artium necessitas.

    Mutter der Künste ist die Not.

    Not macht erfinderisch.

Necessitas ante rationem est. *(Curtius Rufus)*

    Notwendigkeit geht vor Vernunft.

    Not kennt kein Gebot.

Canis timidus vehementius latrat quam mordet. *(Curtius Rufus)*

    Ein furchtsamer Hund bellt heftiger, als er beißt.

    Hunde, die bellen, beißen nicht.

Nec imbellem feroces progenerant aquilae columbam. (Horaz)

> Auch zeugen wilde Adler keine friedlichen Tauben.
>
> Adler brüten keine Tauben.

Multitudo canum mors est leporum.

> Die Menge der Hunde ist der Tod der Hasen.
>
> Viele Hunde sind des Hasen Tod.

Faciunt favos et vespae. (Tertullian)

> Auch die Wespen machen Waben.

Est nobilis ira leonis.

> Adelig ist des Löwen Zorn.

Pauperis est numerare pecus. (Ovid)

> Der Arme muss seine Herde zählen.
>
> Wer seine Herde zählt, ist arm.

Oculus domini saginat equum.

> Des Herren Auge füttert das Pferd.

Oculi plus vident quam oculus.

>Augen sehen mehr als ein Auge.

>Zwei Augen sehen mehr als eins.

Scopae recentiores semper meliores.

>Die neueren Besen sind immer die besseren

>Neue Besen kehren gut.

Mundus vult decipi.

>Die Welt will betrogen sein.

Quod sensus ostendit, id credit animus. (Seneca)

>Was der Sinneseindruck bietet, glaubt das Herz.

>Was das Auge sieht, glaubt das Herz.

Libenter homines id, quod volunt, credunt. (Caesar)

>Gern glauben die Menschen das, was sie wünschen.

>Was man wünscht, das glaubt man gern.

Res severa est verum gaudium. (Seneca)

>Wahre Freude ist eine ernste Sache.

Aristoteles ait omnes ingeniosos melancholicos esse. *(Cicero)*

> Aristoteles behauptet, alle begabten Männer seien melancholisch.
>
> Melancholiker waren alle begabten Männer.

Non progredi est regredi.

> Wer nicht vorwärts geht, geht zurück.

Qui amat periculum, peribit illo. *(Jesus Sirach)*

> Wer die Gefahr liebt, wird darin umkommen.
>
> Wer sich in Gefahr begibt, kommt darin um.

De gustibus non est disputandum.

> Über den Geschmack lässt sich nicht streiten.

Vultus indicat mores. *(Cicero)*

> Die Miene zeigt den Charakter an.
>
> Das Gesicht lügt nicht.

Nemo enim potest personam diu ferre. *(Seneca)*

> Niemand kann auf die Dauer eine Maske tragen.

Qualis dominus, talis et servus. *(Petronius)*

> Wie der Herr, so auch der Knecht.

Qualis rex, talis grex.

> Wie der König, so die Herde.
>
> Wie der Herr, so 's Gscherr.

Undique ad inferos tantundem viae est. (Cicero)

> Zur Unterwelt ist es von überallher gleich weit.
>
> In die Hölle ist es überall gleich weit.

Non ex quovis ligno fit Mercurius. (Apuleius)

> Nicht aus jedem Holz wird ein Merkur.
>
> Nicht jedes Holz gibt einen Bolz.

Laudat venales, qui vult extrudere merces. (Horaz)

> Wer seine Waren loswerden will, lobt sie.
>
> Jeder Krämer lobt seine Ware.

Malo nodo malus cuneus requirendus est. (Hieronymus)

> Für einen üblen Knorren muss man einen ebensolchen Keil suchen.

Nodus malus cuneumque postulat malum.

> Ein grober Klotz verlangt auch nach einem groben Keil.
>
> Auf einen groben Klotz gehört ein grober Keil.

In patria natus non est propheta vocatus. (Plautus)

> Wer im Vaterland geboren ist, wird nicht Prophet genannt.
>
> Der Prophet gilt nichts im eigenen Land.

Ludit in humanis divina potentia rebus. (Ovid)

> Im Menschlichen spielt die göttliche Allmacht.

Homo proponit, sed Deus disponit. (Th. v. Kempen)

> Der Mensch nimmt sich etwas vor, aber Gott entscheidet.
>
> Der Mensch denkt, Gott lenkt.

Nihil est, quod deus efficere non possit. (Cicero)

> Es gibt nichts, was ein Gott nicht schaffen könnte.
>
> Bei Gott ist kein Ding unmöglich.

Quos deus perdere vult, dementat. (nach Sophokles)

> Wen Gott verderben will, dem raubt er den Verstand.

Pecunia non olet. (Vespasian)

> Geld stinkt nicht.

Aeris alieni comes miseria. (Plinius)

> Begleiter der Schulden ist das Elend.

> Borgen macht Sorgen.

In cunctis pecunia domina est.

> In allen Dingen herrscht das Geld.

Pecuniae omnia oboediunt. (Seneca)

> Dem Geld gehorcht alles.

> Geld regiert die Welt.

Kleines Lexikon

Aus dem Alltag, für den Alltag

a posteriori
>   vom Späteren her
>
>   im Nachhinein

a capillo usque ad ungues (Petronius)
>   vom Haar bis zu den Zehen
>
>   von Kopf bis Fuß

ad absurdum
>   bis zum Widersinn

ad acta
>   zu den Akten

ad infinitum
>bis ins Unendliche

vgl. *in infinitum*

ad libitum
>nach Belieben

ad multos annos
>auf viele Jahre

ad rem
>zur Sache

alta mente repostum (Vergil)
>in tiefster Seele verborgen

altum silentium (Vergil)
>tiefes Schweigen

ambages narrare (Terenz)
>in Rätseln sprechen

Anno Domini (A.D.)
>   im Jahr des Herrn

Apparet id etiam caeco. (*Livius*)
>   Das ist auch einem Blinden klar.
>   Das sieht doch ein Blinder.

beatae memoriae
>   seligen Angedenkens

bona fide
>   in gutem Glauben

brevi manu
>   kurzerhand

casu
>   durch Zufall

condicio sine qua non
>   Bedingung, ohne die nicht
>   unerlässliche Bedingung

contra legem

    gegen das Gesetz

coram publico

    in aller Öffentlichkeit

cordialiter

    herzlich

Cui bono? (Cicero)

    Wem nützt es?

vgl. *Is fecit, huic prodest.*

    Getan hat es der, dem es nützt.

cum grano salis (Plinius der Ältere)

    mit einem Körnchen Salz

curriculum vitae

    Lebenslauf

de auditu

> vom Hören
>
> vom Hörensagen

de facto

> von der Tat her
>
> tatsächlich

de iure

> von Rechts wegen

De nihilo nihil. (Lukrez)

> Von nichts kommt nichts.

Deo gratias!

> Gott sei Dank!

deo iuvante

> wenn Gott hilft
>
> mit Gottes Hilfe

Deo volente (nobis viventibus). (Jakobusbrief)

> So Gott will (und wir das Leben haben)

deus ex machina

    der Gott aus der Maschine

dextro tempore (Horaz)

    zur rechten Zeit

Dictum, factum. (Terenz)

    Gesagt, getan

Divide et impera!

    Teile und herrsche!

Do, ut des.

    Ich gebe, damit du (mir auch) gibst.

duabus sellis sedere

    zwischen zwei Stühlen sitzen

eo ipso

    von selbst

et cetera

    und so weiter

ex malis eligere minima (Cicero)

>aus den Übeln das kleinste auswählen

>das kleinere Übel wählen

ex officio

>aus dem Amt heraus

>von Amts wegen

ex tempore

>aus dem Stegreif

exempli causa

>zum Beispiel

vgl. *exempli gratia (e.g.)*

exemplum statuere

>ein Exempel statuieren

expressis verbis

>mit ausgedrückten Worten

>ausdrücklich

Festina lente! (Augustus nach Euripides)

> Eile mit Weile!

Fide, sed cui, vide!

> Trau, schau, wem!

fieri infectum (Plautus)

> ungeschehen machen

Habeat sibi!

> Er mag es für sich haben.
>
> meinetwegen

haud stulte sapere (Terenz)

> nicht dumm sein
>
> nicht auf den Kopf gefallen sein

hic et nunc

> hier und jetzt

Hic Rhodus, hic salta!

> Hier ist Rhodos, hier springe!

Hinc illae lacrimae! (Terenz)

> Daher die Tränen!

Huc usque ne amplius!

> Bis hierher und nicht weiter!

in absentia

> in Abwesenheit

in eadem navi esse (Cicero)

> im selben Boot sein
>
> im selben Boot sitzen

in flagranti

> im Lodern
>
> auf frischer Tat

in infinitum

> bis ins Unendliche

vgl. *ad infinitum*

in optima forma

    in bester Form

in spe

    in Hoffnung

    zukünftig

lapsus linguae

    Ausrutscher der Zunge

    Versprecher

lapsus memoriae

    Ausrutscher des Gedächtnisses

    Erinnerungsfehler

latine loqui

    lateinisch sprechen

Licentia poetica

    dichterische Freiheit

vgl. *poetica licentia* (Seneca)
    poetarum licentia (Cicero)
    licentia vatum (Ovid)

licentia vatum (Ovid)

    dichterische Freiheit

vgl. *poetica licentia* (Seneca)
    poetarum licentia (Cicero)
    Licentia poetica

ligna in silvam ferre (Horaz)

    Holz in den Wald tragen

loco citato (l.c.)

    an der zitierten Stelle

locus communis

    Gemeinplatz

malum necessarium (Lampridius)

    ein notwendiges Übel

Manus manum lavat.

> Eine Hand wäscht die andere.

mea parvitas (Valerius Maximus)

> meine Wenigkeit

miscere utile dulci (Horaz)

> das Angenehme mit dem Nützlichen verbinden

modus procedendi

> Verfahrensweise

nec caput nec pedes (Cicero)

> weder Kopf noch Füße
>
> ohne Hand und Fuß

necessitati parere (Cicero)

> der Not gehorchen

nolens volens

> wohl oder übel

Non est his locus. (Horaz)

    Dafür ist nicht der Platz.

    Das ist fehl am Platz.

Non liquet.

    Es ist nicht klar.

Nota bene!

    Merke wohl!

nuda veritas (Horaz)

    die nackte Wahrheit

Nunc tuum ferrum in igne est. (Seneca)

    Jetzt ist dein Eisen im Feuer.

O quae mutatio rerum! (Eugen Höfling)

    O welche Veränderung der Dinge!

oblatam occasionem tenere (Cicero)

    die sich bietende Gelegenheit festhalten

    die Gelegenheit beim Schopf fassen

oleum addere camino (Horaz)

> Öl zum Feuer geben
>
> Öl ins Feuer gießen

ossa atque pellis totus esse (Plautus)

> nichts als Haut und Knochen sein

panem et circenses (Iuvenal)

> Brot und Spiele

per pedes (Apostolorum)

> zu Fuß (wie die Apostel)

periculum in mora (Livius)

> Gefahr im Verzug

pia fraus (Ovid)

> frommer Betrug

pia desideria (Hermann Hugo)

> fromme Wünsche

piscem natare docere

einen Fisch schwimmen lehren

Pisces natare oportet. (Petronius)

Fische sollen schwimmen.

Fisch will schwimmen.

poetarum licentia (Cicero)

dichterische Freiheit

vgl. *licentia vatum* (Ovid)
poetica licentia (Seneca)
poetarum licentia (Cicero)
licentia vatum (Ovid)

pollices premere (Plinius)

die Daumen drücken

Eselsbrücke

pons asini

post festum (Varro)

nach dem Fest

zu spät

post mortem
> nach dem Tod

primus inter pares
> Erster unter Gleichen

pro et contra
> für und wider

pro forma
> der Form halber

Prosit!
> Es möge nützen!
> Zum Wohl!

punctum saliens (nach Aristoteles)
> der springende Punkt

Qui asinum non potest, stratum caedit. (Petronius)
> Es schlägt den Sack, wer den Esel nicht schlagen kann.
> Man schlägt den Sack und meint den Esel.

Quod erat demonstrandum.

Was zu beweisen war.

Quod Deus avertat.

Was Gott verhüten möge.

rara avis (Horaz)

ein seltener Vogel

rationes conturbare (Terenz)

die Rechnung durcheinanderbringen

einen Strich durch die Rechnung machen

Requiescat in pace! (R.I.P.)

Ruhe in Frieden!

Saxa loquuntur. (Lukan)

Die Steine reden.

scire uti foro

den Markt zu benutzen wissen

sein Geschäft verstehen

secundo fluvio defluere (nach Vergil)

>mit dem Strom schwimmen

similia similibus curare

>Gleiches mit Gleichem heilen

stante pede

>stehenden Fußes

sub rosa

>unter der Rose

>im Vertrauen

summa summarum (Plautus)

>die Summe der Summen

>alles in allem

tabula rasa

>geschabte Tafel

>unbeschriebenes Blatt

terminus technicus

>Fachausdruck

tertius gaudens
> der lachende Dritte

Tres faciunt collegium.
> Drei machen ein Kollegium.

ulcus tangere (Terenz)
> einen wunden Punkt berühren

ultima ratio
> die letzte Überlegung
> das letzte Mittel

unus multorum (Horaz)
> einer von vielen

Urceatim pluit. (Petronius)
> Es gießt wie aus Kannen.

usque ad nauseam (Plautus)
> bis zur Seekrankheit
> bis zum Erbrechen

Variatio delectat. (nach Phaedrus)

Abwechslung macht Vergnügen.

vice versa

umgekehrt

viribus unitis

mit vereinten Kräften

Galerie der Sprachbilder

in pertusum dolium dicta ingerere (Plautus)

Haeret mihi in summis labris. (Plautus)

> Es hängt mir ganz oben auf den Lippen.
>
> Es liegt mir auf der Zunge.

Praetervehitur aures. (Cicero)

> Es geht an den Ohren vorbei.
>
> Es geht zum einen Ohr hinein und zum anderen wieder heraus.

Domus propria, domus optima.

> Das eigene Haus ist das beste Haus.
>
> Eigner Herd ist Goldes wert.

Tunica proprior pallio est. (Plautus)

> Die Tunika (ist mir) näher als das Pallium.
>
> Das Hemd ist mir näher als der Rock.

Invenit interdum caeca columba pisum.

> Eine blinde Taube findet auch mal eine Erbse.

> Ein blindes Huhn findet auch mal ein Korn.

Cornix cornici numqiuam oculos effodit. (Macrobius)

> Eine Krähe sticht der anderen nie die Augen aus.

> Eine Krähe hackt der anderen kein Auge aus.

vgl. *Clericus clericum non decimat.*

> Ein Geistlicher nimmt vom anderen nicht den Zehnten.

Altissima quaeque flumina minimo sono labuntur. (Curtius Rufus)

> Gerade die tiefsten Flüsse fließen am leisesten dahin.

> Stille Wasser sind tief.

Omnis res est iam in vado. (Terenz)

> Alles ist schon im seichten Wasser.

> Wir haben unser Schäfchen im trockenen.

Malum vas non frangitur.

> Ein schlechtes Gefäß zerbricht nicht.

> Unkraut vergeht nicht.

Expertus metuit. *(Horaz)*

> Der Erfahrene fürchtet sich.

Tranquillas etiam naufragus horret aquas. *(Ovid)*

> Der Schiffbrüchige hat auch vor ruhigen Gewässern Angst.
>
> Gebranntes Kind scheut das Feuer.

In eo operam et oleum perdidi. *(Cicero)*

> Dabei habe ich Mühe und Öl verloren.
>
> Da ist Hopfen und Malz verloren.

Quod cibus est aliis, aliis est atrum venenum.

> Was den einen Speise, ist den anderen schwarzes Gift.
>
> Was dem einen sin Uhl, ist dem andern sin Nachtigall.

Ruinis imminentibus musculi permigrant. *(Plinius)*

> Wenn die Trümmer näher kommen, nehmen die Mäuschen Reißaus.
>
> Die Ratten verlassen das sinkende Schiff.

Una hirundo non facit ver. *(nach Aristoteles)*

> Eine Schwalbe macht keinen Frühling.
>
> Eine Schwalbe macht noch keinen Sommer.

Nemo potest nudo vestimenta detrahere. (Plautus)

> Niemand kann einem Nackten die Kleider ausziehen.

> Einem nackten Mann kann man nicht in die Tasche fassen.

Nullum simile quattuor pedibus currit.

> Kein Vergleich läuft auf vier Beinen.

> Der Vergleich hinkt.

Non est de sacco tanta farina tuo.

> So viel Mehl ist nicht aus deinem Sack.

> Das ist nicht auf deinem Mist gewachsen.

Cum insanientibus furere necesse est. (Petronius)

> Mit Verrückten muss man rasen.

> Mit den Wölfen muss man heulen.

Urit mature urtica vera.

> Früh brennt eine echte Brennnessel.

> Früh krümmt sich, was ein Häkchen werden will.

Nescit, quot digitos habeat in manu. (Plautus)

> Er weiß nicht, wie viele Finger er an der Hand hat.

> Er kann nicht bis drei zählen.

A bove maiore discit arare minor. (Äsop)

    Vom größeren Ochsen lernt der kleinere pflügen.

    Vom alten Hahn lernt der junge sein Kikeriki.

uni navi committere omnia

    alles einem Schiff anvertrauen

    alles auf eine Karte setzen

Omnia quadrata currunt. (Petronius)

    Alles läuft wohlgefügt.

    Alles läuft wie am Schnürchen.

Hic consilium haeret.

    Hier hakt der Rat.

    Hier ist guter Rat teuer.

clavum clavo eicere (Cicero)

    einen Nagel mit dem anderen hinaustreiben

    den Teufel mit Beelzebub austreiben

de asinae umbra rixari (Aristophanes)

    sich um den Schatten der Eselin streiten

rixari de lana caprina (Horaz)

> sich um die Wolle der Ziege streiten
>
> sich um des Kaisers Bart streiten

molli bracchio tractare (Cicero)

> mit sanftem Arm behandeln
>
> mit sanfter Hand behandeln

non posse muscam excitare (Seneca)

> keine Fliege aufscheuchen können
>
> keiner Fliege etwas zuleide tun können

accipitri columbas credere (Ovid)

> dem Habicht Tauben anvertrauen

ovem committere lupo (Terenz)

> dem Wolf ein Schaf anvertrauen
>
> den Bock zum Gärtner machen

vgl. *asinus ad lyram* (Varro)

> (wie) der Esel zum Lyraspielen (geeignet)

eundem calceum omni pedi inducere (Galenos)

> jedem Fuß denselben Schuh verpassen
>
> alle Schuhe über einen Leisten machen

in eandem copulam conicere (Seneca)

> in dieselbe Koppel treiben
>
> unter einen Hut bringen

viperam sub ala nutricare (Petronius)

> eine Schlange unter der Achsel nähren
>
> eine Schlange am Busen nähren

duo parietes de eadem fidelia dealbare (Cicero)

> zwei Wände aus demselben Kalktopf weißen

in saltu uno duos apros capere (Plautus)

> in einem Sprung zwei Eber fangen
>
> zwei Fliegen mit einer Klappe schlagen

rem acu tangere (Plautus)

> die Sache mit der Nadel berühren
>
> den Nagel auf den Kopf treffen

ridere in stomacho (Cicero)

> im Bauch lachen
>
> sich ins Fäustchen lachen

hastas abicere (Cicero)

> die Lanzen wegwerfen
>
> die Flinte ins Korn werfen

a capillo usque ad ungues (Petronius)

> vom Haar bis zu den Klauen

ab imis unguibus usque ad verticem summum (Cicero)

> ganz unten von den Sohlen bis ganz oben zum Scheitel
>
> vom Scheitel bis zur Sohle

contra torrentem bracchia dirigere (Iuvenal)

> die Segelstangen gegen die Strömung richten
>
> gegen den Strom schwimmen

crabrones irritare (Plautus)

> die Hornissen aufschrecken
>
> in ein Wespennest stechen

Fumantem nasum vivi ursi ne temptaveris! (Martial)

> Man soll nicht nach der rauchenden Nase des feurigen Bären fassen.

> Wilde Bären muss man nicht ins Haus begehren.

Arrectae sunt horrore comae. (Vergil)

> Aufrecht stehen vor Schrecken die Haare.

> Die Haare stehen einem zu Berge.

taciturnior statua (Horaz)

> stummer als eine Statue

> stumm wie ein Fisch

in medio luto esse (Plautus)

> mitten im Dreck stecken

> in der Tinte sitzen

pugnos edere (Plautus)

> Fäuste essen

> Prügel beziehen

quieta non movere

> Ruhendes nicht in Bewegung bringen

> keine schlafenden Hunde wecken

sibi asciam in crus impingere (Petronius)

    sich selbst die Axt ins Bein schlagen

    sich ins eigene Fleisch schneiden

ex cinere in prunas

    aus der Asche in die (glühenden) Kohlen

    vom Regen in die Traufe

maria montesque polliceri (Sallust)

    Meere und Berge versprechen

    das Blaue vom Himmel versprechen

montes aureos polliceri (Hieronymus)

    goldene Berge versprechen

vgl. *montes auri polliceri* (Terenz)

    Berge von Gold versprechen

(h)elleboro indigere

    Nieswurz nötig haben

    einen Vogel haben

elephantum e musca facere

>aus einer Fliege einen Elefanten machen

vgl. *arcem facere e cloaca* (Cicero)

>aus einer Kloake eine Burg machen

>aus einer Mücke einen Elefanten machen

elephanti corio circumtectus esse (Plautus)

>mit der Haut eines Elefanten bedeckt sein

>eine Elefantenhaut haben, ein dickes Fell haben

abrupte cadere in narrationem (Quintilian)

>unvermittelt in die Erzählung hineinfallen

>mit der Tür ins Haus fallen

eiusdem farinae (Persius)

>aus demselben Mehl (gebacken)

>aus demselben Holz (geschnitzt)

tenui filo pendere

>an einem dünnen Faden hängen

admodum tenui filo suspensum esse (Valerius Maximus)

> an einem ganz dünnen Faden hängen
>
> am seidenen Faden hängen

crambe repetita (Iuvenal)

> aufgewärmter Kohl
>
> kalter Kaffee

eandem cantilenam canere (Terenz)

> dasselbe alte Lied singen

decantata fabula (Cicero)

> abgeleierte Fabel
>
> die alte Leier

gallinae filius albae (Iuvenal)

> Kind einer weißen Henne
>
> Glückskind, Sonntagskind

leniter malo perstringi

> vom Unheil nur leicht gestreift werden
>
> mit einem blauen Auge davonkommen

alienis gloriari bonis (Phaedrus)

> sich fremder Güter rühmen

ab alio amentatas hastas torquere (Cicero)

> Lanzen schleudern, die ein anderer wurfbereit gemacht hat.
>
> sich mit fremden Federn schmücken

medio flumine quaerere aquam

> mitten im Fluss das Wasser suchen

frondem in silvis non cernere (Ovid)

> das Laub in den Wäldern nicht sehen
>
> den Wald vor lauter Bäumen nicht sehen

in arena aedificare

> auf Sand bauen

vgl. *fundamenta tamquam in aqua ponere* (Cicero)

> die Grundmauern gleichsam in Wasser setzen

in aere aedificare (Augustinus)

> in der Luft bauen
>
> Luftschlösser bauen

fenum habere in cornu (Horaz)

Heu am Horn haben

wütend wie ein Stier sein

aceti in pectore habere (Plautus)

Essig in der Brust haben

sauer sein

dare verba in ventos (Ovid)

Wörter in die Winde werfen

in den Wind reden

in pertusum dolium dicta ingerere (Plautus)

in ein durchlöchertes Fass Worte füllen

surdo fabulam narrare (Terenz)

einem Tauben die Geschichte erzählen

surdis auribus dicere (Livius)

zu tauben Ohren sprechen

tauben Ohren predigen

in aqua scribere (Catull)

> in Wasser schreiben

in vento scribere (Catull)

> in Wind schreiben
>
> in den Wind schreiben

Autoren und Quellen

Aelius Spartianus

Einer der Verfasser der „Kaisergeschichte", einer umstrittenen Quelle des Altertums.
Quelle: Vita Antonii Caracallae

Alkäus

Alkaios, lat. Alcaeus, lebte um 600 v. Chr. und war ein griechischer Lyriker aus Mytilene auf Lesbos.

Ammianus Marcellinus

Ammianus Marcellinus war römischer Historiker im 4. Jahrhundert n. Chr.
Quelle: Res gestae

Anselm von Feuerbach

Feuerbach, Anselm, 1829–1880 lebte als Maler in Italien, das ihn entscheidend prägte.

Appianus

Appianos aus Alexandria, ein griech. Historiker, lebte ca. 100–170 n. Chr.

Apuleius

Apuleius, geb. um 125 n. Chr., war Schriftsteller, Rechtsanwalt, platon. Philosoph und Sophist. Er lebte meist in Afrika.
Quelle: Apologia

Aristophanes

Aristophanes lebte ca. 445–386 in Athen. Er war Komödiendichter und ein politischer Mensch.
Quelle: Plutos

Aristoteles

Aristoteles lebte 384–322 v. Chr. Er lernte, lehrte und forschte 20 Jahre lang an der Akademie des Platon und war später Lehrer Alexanders d. Gr.
Quelle: Ethica Nichomachea

Äsop

Äsop lebte um 600 v. Chr.; griechischer Autor vieler Fabeln.
Quelle: Fabulae

Augustinus

Augustinus, Aurelius, lebte von 354 n. Chr. bis zum 28. 8. 430. Er widmete sich einem asketischen Leben. 387 getauft, wurde er 395 Bischof in Hippo Regius bei Karthago.
Quelle: Epistulae

Augustus

Augustus wurde am 23. 9. 63 v. Chr. geboren und starb am 19. 8. im Jahr 14 n. Chr. Nachdem er Cäsar nach Spanien begleitet hatte und von ihm in verschiedener Weise ausgezeichnet worden war, wurde er nach dessen Ermordung – testamentarisch adoptiert – Cäsars Erbe.

Ausonius

Ausonius, D. Magnus, lebte ca. 310–395. Wichtig für die Kulturgeschichte ist sein Werk „Ordo nobilium urbium" , in dem er zwanzig bedeutende Städte des Reiches Gallien charakterisiert.
Quelle: Epigrammata

Bacon, Francis

Bacon, Francis, 1561–1626, war englischer Philosoph und Staatsmann. Er gilt als Wegbereiter des Empirismus.
Quelle: Meditationes sacrae

Benedikt von Nursia

Benedictus von Nursia (Umbrien) lebte ca. 480–547. 529 gründete er auf dem Monte Cassino das berühmte Mutterkloster der benediktinischen Mönche. Seine Klosterregel lautet „ora et labora".

Bias

Bias von Priene lebte ca. 590–530 v. Chr. Er galt als scharfsinnig, gerecht, versöhnlich und »human«. Ihm ist später der Ausspruch „Überlege und dann handele!" zugeschrieben worden.

Bonifatius VIII.

Bonifatius VIII., geboren um 1235 und gestorben am 11.10.1303 in Rom, war von 1294 bis 1303 Papst in Rom.

Brecht, Bertolt

Brecht, Bertolt, 1898–1956, Lyriker, Dramatiker, Theatermann („episches Theater").
Quelle: Die Dreigroschenoper

Brennus

Brennus, 4. Jahrhundert v. Chr., gallischer Heerführer.

Busenbaum

Busenbaum, Hermann, 1600–1668) war Theologe und Autor.

Cäsar

Caesar, C. Iulius, 100–44 v. Chr., römischer Staatsmann und Feldherr; berichtete über den Gallischen Krieg („De bello Gallico").
Quellen: Bellum civile, De bello Gallico

Cassiodor

Cassiodorus, Flavius Magnus Aurelius, ca. 490–583, römischer Staatsmann und Schriftsteller; sammelte Handschriften antiker Werke und führte bei den Mönchen das Abschreiben dieser Schriften ein.

Cato der Ältere

M. Porcius Censorius Cato, 234–149 v. Chr.; konservativer röm. Staatsmann, trat für Sittenstrenge und gegen den Einfluss der griechischen Lebensart ein. 184 führte er als Zensor eine Luxussteuer ein.
Quelle: Ad Marcum filium

Catull

Gaius Valerius Catullus, ca. 84–54 v. Chr., gehörte er zu den Neoterikern, einer Gruppe junger Dichter, deren Leitbild der „poeta doctus" war: der universal gebildete Autor. Er begründet die Liebeselegie, die von Properz, Tibull und Ovid zur Vollendung geführt wurde.
Quelle: Carmina

Chilon von Sparta

Chilon von Sparta lebte in der Zeit um 555 v. Chr. und gilt als einer der Sieben Weisen des antiken Griechenlands.

Cicero

Cicero, M. Tullius, geb. 106, ermordet 43 v. Chr.; Redner, Politiker und Schriftsteller.
Quellen: Ad Atticum, De amicitia, De senectute, De finibus, Ad familiares, Pro. P. Sestio, Pro C. Rabirio Postumo, Pro L. Murena, Pro T. Annio Milone, Orationes Philippicae, De officiis, Tusculanae disputationes, Brutus, Paradoxa Stoicorum, De divinatione, In L. Catilinam, Partitiones oratoriae, De legibus, De natura deorum, Pro Sex. Roscio Amerino, Pro L. Cornelio Balbo, Pro Q. Roscio Comoedo, Pro Cn. Plancio, De oratore, De finibus

Claudianus

Claudianus, Claudius, geb. um 375, letzter großer lat. Dichter, von griechischer Herkunft.
Quelle: In Rufinum

Claudio Aquaviva

1543–1615, war General des Jesuitenordens.

Columella

Columella, L. Iunius Moderatus, 1. Jahrhundert n. Chr., bedeutender lateinischer Ackerbauschriftsteller:
„De re rustica" (Landwirtschaft), „De arboribus" (Baumzucht).
Quelle: De re rustica

Cornelius Nepos

Cornelius Nepos, ca. 100–28 v. Chr.; römischer Historiker und Biograph, schrieb unter anderem über Cato den Älteren.
Quelle: Vita Chabriae

Curtius Rufus

Curtius Rufus, römischer Historiker mit unklaren Lebensdaten, gilt als Autor einer umfangreichen Geschichte Alexanders d. Gr. („Historia Alexandri Magni Macedonis")
Quelle: Historia Alexandri Magni Macedonis

Descartes, René

René Descartes, 1596–1650 war französischer Philosoph, Mathematiker und Naturwissenschaftler.
Quelle: Principia Philosophiae

Ennius

Ennius, Q., 239–169 v. Chr.; der bedeutendste römische Dichter der archaischen Zeit.
Quelle: Annales

Epiktet

Epiktetos, 50–130 n. Chr., griechischer Philosoph, Stoiker; vertrat als freigelassener Sklave die Gleichheit aller Menschen.

Euripides

Euripides, ca. 480–406 v. Chr., griechischer Tragödiendichter.
Quelle: Orestes, Phönissae

Franz von Assisi

Franz von Assisi, ca. 1181–1226, lebte nach dem Vorbild Jesu und gründete den Orden der Franziskaner.

Galenos

Galenos, 129–200, griechischer Arzt und ab 169 Leibarzt am röm. Kaiserhof; letzter bedeutender Repräsentant der wissenschaftlichen Medizin in der Antike.

Gellius

Gellius, Aulus, geboren um 130, verfasste mit „Noctes Atticae" ein Sammelwerk, das viele Exzerpte und Zitate aus verlorenen Werken enthält.
Quelle: Noctes Atticae

Harvey, William

William Harvey, 1578–1657, Arzt in England, entdeckte den Blutkreislauf.

Heraklit

Heraklit, ca. 520–460 v. Chr.; griechischer Philosoph, von dem viele Aphorismen, Paradoxien und Wortspiele überliefert sind.

Busenbaum, Hermann

Hermann Busenbaum, 1600–1668, Theologe und Autor.

Hesiod

Hesiodos lebte um 700 v. Chr.; gilt als der erste griechische bzw. europäische Dichter.
Quelle: Erga

Hieronymus

Hieronymus, ca. 347–419, stammte aus einer reichen christlichen Familie und gründete mehrere Klöster und karitative Einrichtungen.
Quellen: Vita Hilaronis, Epistulae, Adversus Luciferianos

Hobbes, Thomas

Thomas Hobbes, 1588–1679; englischer Mathematiker und Philosoph.
Quelle: Leviathan

Höfling, Eugen

Eugen Höfling, 1808–1880, schrieb eines der ersten Studentenlieder: „O alte Burschenherrlichkeit"

Horaz

Quintus Horatius Flaccus, ca. 65–8 v. Chr., war der Meister der Ode (Carmina). Als seine Odenbücher 1-3 nicht den erwarteten Erfolg hatten, widmete er sich in den Epistulae 1 und 2 (Briefgedichte in Hexametern) der Lebensphilosophie und der Literarturkritik.
Quellen: Sermones, Epodoe, Carmina, De arte poetica, Epistulae

Hugo, Hermann

Hermann Hugo, 1887–1940; zionistischer Autor und Verleger.

Iustinus

Iustinos, lat. Iustinus wurde geboren am Anfang des 2. Jahrhunderts v. Chr. und starb als Märtyrer um 165 in Rom. Er gilt als der bedeutendste Vertreter der griechischen früh-christlichen Apologetik.
Quelle: Epitoma historiarum Philippicarum

Iuvenal

Iuvenalis, D. Iunius I., 60–127; römischer Satirendichter und Rhetor.
Quelle: Saturae

Kindleben, Chr. W.

Chr. W. Kindleben, 1748–1785, deutscher Theologe; verfasste die erste bekannte Sammlung von Studentenliedern.

Laktanz

Lactantius, L. Caecilius Firmianus, lateinischer Kirchenschriftsteller, „christlicher Cicero".
Quelle: Institutiones divinae

Lampridius

Lampridius, römischer Geschichtsschreiber im 4. Jahrhundert n. Chr.
Quelle: Vita Alexandri severi

Leibniz, Gottfried Wilhelm

Gottfried Wilhelm Leibniz, 1646–1716, bedeutender deutscher Philosoph.

Linné, Carl von
Carl von Linné, 1707–1778, schwedischer Naturforscher, begründete die wissenschaftliche Systematik der Pflanzen und Tiere.

Livius
Livius, T., 59–17 v. Chr., römischer Historiker der augusteischen Zeit („Ab urbe condita"). Quelle: Ab urbe condita

Lothar I.
Lothar I., 795–855, Karolingerfürst, Kaiser und König.

Lukan
Lucanus, M. Annaeus, 39–65; der bedeutendste epische Dichter Roms nach Vergil. Quelle: Pharsalia

Lukrez
Lucretius Carus, ca. 96–55 v. Chr., Dichter und Philosoph. Quelle: De rerum natura

Luther, Martin
Luther, Martin, 1483–1546, Reformator und Schriftsteller, Begründer des deutschen Protestantismus.

Macrobius
Macrobius, Ambrosius Theodosius, gelehrter Schriftsteller und Beamter um das Jahr 400, der wohl aus Afrika kam. Quelle: Saturnalia

Martial
Martialis, M. Valerius, ca. 40–102, Klassiker des römischen Epigramms. Quelle: Epigrammata

Maximian
Maximianus, M. Aurelius Valerius, ca. 250–310, römischer Kaiser von 286–305.

Maximilian I.

Maximilian I., Kaiser um 1500.

Menander

Menandros, ca. 342–290 v. Chr.; griechischer Komödiendichter aus wohlhabender Familie.

Ovid

Publius Ovidius Naso, ca. 43 v. Chr. –17 n. Chr., ist der letzte in der Tradition der Elegiker. Seine „Ars amatoria" ist ein ironisches Handbuch über die Liebe. Die „Metamorphoses", das Hauptwerk des Dichters, sind ein einziges großes Gedicht mit Verwandlungssagen aus der griechischen und der römischen Mythologie.
Quellen: Metamorphoses, Ars amatoria, Epistulae ex ponto, Heroides, Fasti, Tristia

Paulus

Paulus, Apostel, gestorben ca. 63 n. Chr. Das Neue Testament enthält 13 ihm zugeschriebene, in griech. Sprache verfasste Briefe.

Persius

Persius Flaccus, 34–62, römischer Dichter, Stilist.
Quelle: Saturae

Petronius

Petronius, gestorben 66 n. Chr., röm. Schriftsteller, Staatsbeamter; Neros „elegantiae arbiter" (Schiedsrichter des feinen Geschmacks).
Quelle: Satyricon

Phaedrus

Phaedrus, römischer Fabeldichter mit klarer, einfacher Sprache; vielfach adaptiert bis in die Neuzeit.
Quelle: Fabulae

Plautus

Plautus, Titus Maccius, ca. 250–184 v. Chr.; der bedeutendste röm. Komödiendichter.
Quellen: Stichus, Asinaria, Mercator, Bacchides, Pseudolus, Amphitruo, Curculio, Aulularia, Truculentus, Persa, Miles Gloriosus, Casina

Plinius der Ältere

Plinius d. Ä., C. P. Secundus, ca. 23–79; römischer Staatsbeamter, Offizier, Historiker; „Naturalis historia" (Naturkunde).
Quelle: Naturalis Historia

Plinius der Jüngere

2. d. J., C. P. Caecilius Secundus, ca. 61–113, war Neffe und Adoptivsohn von Plinius dem Älteren. Beschrieb den Tod seines Onkels beim Ausbruch des Vesuvs.
Quelle: Epistulae

Plutarch

Plutarchos, lat. Plutarchus, ca. 46–119; griechischer Schriftsteller und Philosoph aus wohlhabender Familie.
Quelle: Quomodo adulator

Poussin, Nicolas

Nicolas Poussin, 1594–1665, französischer Maler und Zeichner, Vermittler der antiken Kunst.

Properz

Sextus Propertius, ca. 49–15 v. Chr., ein jugendlicher „Aussteiger", privatisierte als Poet in Rom. Der gelehrte Dichter verliebte sich mit 19 Jahren in eine hochgebildete Dame der Halbwelt, der er als „Cynthia" in seinen Elegien ein Denkmal setzt.
Quelle: Elegiae

Protagoras

Protagoras aus Abdera, ca. 480–410 v. Chr., lehrte und schrieb über Rechtswissenschaft, Rhetorik, Ethik und Grammatik.

Publilius Syrus

Publilius Syrus, 1. Jahrhundert v. Chr.; römischer Dichter und Schauspieler. Seine „Sententiae" (Sprüche) wurden im Mittelalter viel gelesen.
Quelle: Sententiae

Quintilian

Quintilianus, M. Fabius, ca. 35–96; römischer Redner und Rhetoriker; „Institutio oratoria" (Unterweisung in der Redekunst).
Quelle: Istitutio ratoria

Rabelais, François

François Rabelais, 1483–1553; humanistischer Gelehrter; gilt als der bedeutendste Prosa-Autor der französischen Renaissance.

Sallust

Sallust, C. Sallustius Crispus, 86–35 v. Chr.; römischer Historiker; „Ab urbe condita" (von der Gründung der Stadt).
Quellen: Epistulae ad Caesarem senem, Bellum Iugurtinum, Coniuratio Catilinae

Scipio

P. Cornelius Scipio, ca. 235–183 v. Chr.

Seneca

Lucius Annaeus Seneca, ca. 4 v. Chr.–65 n. Chr., ist als Lehrer Neros bekannt. Er verfasste eine große Zahl moralphilosophischer Schriften. Muße (otium) ist der erstrebenswerte Zustand und zentraler Begriff in der Lehre Senecas: Damit meint er das Freisein von allen Ämtern und jeglicher Geschäftigkeit (negotium).
Quellen: Agamemnon, De brevitate vitae, Apocolocyntosis, Naturales quaestiones

Silius Italicus

Silius Italicus, ca. 25–101; ehemaliger Konsul; römischer Dichter und Kunstsammler.
Quelle: Punica

Solon

Solon, ca. 640–560 v. Chr.; Politiker und Dichter in Athen.

Sophokles

Sophokles, ca. 496–406 v. Chr.; neben Aischylos und Euripides der dritte große Tragödiendichter Griechenlands.

Sueton

Sueton, ca. 70–140 n. Chr.; römischer Schriftsteller;
„De vita Caesarum" (Lebensbeschreibungen der ersten 12 Kaiser).
Quelle: De vita divi Augusti

Tacitus

Publius Cornelius Tacitus, ca. 55–120; der letzte bedeutende röm. Historiker; „Germania"
(Geographie und Ethnographie Germaniens).
Quelle: Germania

Terenz

Terenz Afer, ca. 190–159 v. Chr.; neben Plautus größter röm. Komödiendichter; wirkte
stark auf die Weltliteratur.
Quellen: Phormio, Andria, Eunuchus, Heautontimorumenos, Adelphoe

Tertullian

Tertullianus, 160–220; christlicher Schriftsteller und Rechtsanwalt in Rom und Karthago;
prägte juristische Fachbegriffe.
Quellen: Ad uxorem, Adversus Marcionem

Theognis von Megara

Theognis von Megara, 6. Jahrhundert v. Chr., griechischer Dichter, dessen Liebeslyrik Mörike adaptierte.

Thomas von Kempen

Thomas von Kempen, 1380–1471; Augustinermönch und geistlicher Schriftsteller; „De imitatione Christi" (Die Nachfolge Christi).
Quelle: De imitatione Christi

Thomas von Aquin

Thomas von Aquin, 1225–1274; Dominikanermönch und einer der wichtigsten Philosophen/Theologen der Geschichte.
Quelle: Summa theologica

Tibull

Albius Tibullus, ca. 54–19 v. Chr., gehörte zum Freundeskreis des Horaz, der seine Kritik schätzte, und wurde von Zeitgenossen als der beste Elegiker angesehen.
Mit nur etwa 34 Jahren starb Tibull im selben Jahr wie Vergil. In Amores 3, 9 widmete Ovid ihm einen bewundernden Nachruf.
Quelle: Elegiae

Ulpianus

Ulpianus, Domitius; römischer Jurist um die Wende vom 2. zum 3. Jahrhundert, Angehöriger des Ritterstandes.
Quelle: Ad edictum

Valerius Maximus

Valerius Maximus, 1. Hälfte des 1. Jahrhunderts n. Chr., römischer Schriftsteller; „Factorum et dictorum memorabilia" (Denkwürdige Taten und Aussprüche).
Quelle: Factorum et dictorum memorabilia

Varro

Varro, M. Terentius, 116–27 v. Chr.; Universalgelehrter
mit bedeutendem Einfluss auf die Entwicklung der Wissenschaften.
Quelle: De re rustica

Vegetius

Publius Flavius Vegetius, 4. Jahrhundert n. Chr., verfasste ein umfangreiches Werk über das römische Militärwesen.
Quelle: Epitoma rei militaris

Vergil

Vergilius, P. Vergilius Maro, 70–19 v. Chr.; neben Horaz der bedeutendste römische Dichter („Aeneis") der Augusteischen Zeit.
Quellen: Aeneis, Bucolica

Vespasian

Vespasian, Caesar Vespasianus Augustus, 9–79 n. Chr., war in seinen letzten 10 Lebensjahren römischer Kaiser.

Alphabetisches Verzeichnis

E

F

G

H

I

Q

T

Ob man nun eine Achillesferse hat oder mit einer Xanthippe verheiratet ist – wenn man einen Musenkuss bekommt und den Pegasus reitet, kann man den Gordischen Knoten zerschlagen und die Lorbeeren verdienen. Dann lächelt Fortuna und gießt ein Füllhorn aus!

Dieses Buch besticht durch eine Fülle an Hintergrundinformationen, den Kenntnisreichtum des Autors Gerhard Wagner, der den Leser durch seine Kompetenz, aber auch seinen Humor von der ersten bis zur letzten Zeile zu fesseln vermag.

ISBN 978-3-939722-52-6

je 128 Seiten, Format 16,5 x 19,8 cm, gebunden, **€ 4,95**

Sei gerüstet und verdiene Dir die Sporen, damit Dir niemand das Wasser reichen kann und alle vor Neid erblassen.

Viele Redensarten, die uns „in Fleisch und Blut" übergegangen sind, stammen aus dem Mittelalter. Hier wird ihre Herkunft erklärt. Ein Buch auch zum Schmunzeln.

„Der unterhaltsame Band bietet viele Aha-Erlebnisse." P.M. HISTORY

„Knackige Erklärungen zu altertümlichen Formulierungen, die Hand und Fuß haben" ZILLO MEDIEVAL

ISBN 978-3-939722-31-1